13.248

QUESTIONS

Préparées pour parvenir à dresser

L'INSTRUCTION

SUR LES

USAGES RURAUX

Du canton de BRULON, arrondissement de la Flèche (Sarthe).

BIBLIOTHÈQUE NATIONALE R.F. IMPRIMÉS

RÉPONSES ET OBSERVATIONS

FAITES

AUX QUESTIONS CI-CONTRE,

PAR

M. GASSELIN, Maire de Chantenay,

Ancien Juge de Paix du canton de Brulon, et ancien membre du Conseil Général de la Sarthe.

TITRE 1er.

DE LA DOMESTICITÉ.

1.°

Les domestiques de fermes et bordages se louent-ils ordinairement pour une année entière commençant, soit le 24 juin, soit dans le cours du printemps?

Les domestiques se louent ordinairement pour une année entière qui commence au 24 juin. Les alloués pour la récolte, du 24 juin à la St. Martin.

Le louage ne se fait-il pas ordinairement de Noël à Carnaval; soit en janvier et février?

Le louage se fait du 24 décembre à la fin de janvier pour la St. Jean suivante.

Lorsque le louage a lieu après la St. Jean pour finir à la St. Jean suivante, les domestiques alloués ainsi pour une partie de l'année, doivent-ils, sous le rapport de leurs droits et obligations, être assimilés aux domestiques alloués pour une année entière?

Les domestiques qui se louent après la St. Jean, pour aller jusqu'à la St. Jean suivante, doivent être considérés comme ceux alloués pour l'année entière.

2.°

Les cultivateurs et les domestiques ont-ils un délai, à partir du moment du louage pour résilier leur marché, sans indemnité, lorsqu'il a eu lieu sans arrhes; et lorsqu'il y en a eu, les premiers en abandonnant les arrhes données et les seconds en rendant le double de celles reçues? En cas d'affirmative, quelle est la durée du délai?

Il semblerait raisonnable d'admettre jusqu'au 24 mars les domestiques et les maîtres à résilier leurs conventions en perdant ou doublant les arrhes données seulement. Cette époque expirée, tous les bons domestiques étant placés ou les bonnes places prises, il conviendrait d'appliquer l'indem-

1849

13248

Quid, si le louage a eu lieu après le 25 mars, même après la St. Jean?

nité qui serait alors égale au tiers du prix de l'année entière.

3.e

Après l'expiration du délai d'usage les uns et les autres ne peuvent-ils plus se dispenser de remplir leurs engagements qu'en payant une *indemnité* ordinairement égale au tiers du salaire qui serait dû pour le temps à courir de l'année non commencée?

Voir la 2e partie de l'observation sur la 2e question.

4.e

Lorsque les engagements ont reçu un commencement d'exécution, autre que celui des arrhes, l'indemnité à payer par celle des *Parties* qui rompt le marché à celle qui le maintient n'est-elle pas toujours rigoureusement du tiers du salaire du temps qui reste à courir?

L'indemnité doit toujours être le tiers du temps qui reste à courir.

En calculant l'année des gages, on doit y comprendre les arrhes et subsides, s'il y en a, et faire la déduction de ce qui a été payé ou fourni à ce titre.

5.e

Le domestique qui sort avant l'expiration du temps pour lequel il a loué ses services, soit pour cause de mariage ou de maladie bien constatée, soit pour aller au secours de ses proches parents malades ou tombés dans le besoin, dont la position est justifiée par un certificat du médecin, dans le premier cas, ou du Maire, dans le second, est-il passible de retenue ou d'indemnité?

Aucune retenue ne peut-être faite au domestique, dans ce cas, si la justification est complète.

6.e

De son côté, le maître est-il tenu de payer au delà des gages courus, si une certaine circonstance malheureuse ou imprévue, le force à cesser ses travaux agricoles, lorsque d'ailleurs il a prévenu son domestique à l'avance, en lui laissant la faculté de se retirer à sa volonté?

Dans ce cas, combien de temps à l'avance ce domestique doit-il être prévenu?

Il ne doit être dû aucune indemnité au domestique, dans ce cas, si le maître l'a prévenu dans les huit jours où lui-même a eu la certitude qui était obligé de quitter son exploitation et qu'il laisse au domestique la faculté de se retirer à sa volonté.

7.e

Lorsque le domestique sort sans payer l'indemnité exigible, son nouveau maître dûment prévenu, devient-il responsable de sa dette envers le précédent maître?

Il serait peut-être difficile d'admettre cet article, tant que les domestiques ne seront pas assujettis au livret comme les apprentis. (Loi du 22 G^al an XI. Arrêté du 22 frimaire au XII).

8.e

Un dédommagement spécial est-il exigible, en outre de l'indemnité ordinaire, si peu de temps avant la fin du service le domestique sort au moment des grands travaux de la campagne, comme les semailles, ou les moissons, ou s'il est renvoyé à l'entrée de l'hiver?

Ce dédommagement paraît de toute justice et sera laissé à l'arbitration du juge de paix qui appréciera les circonstances.

9.e

Les gens à gages, connus dans le canton, sous le titre *d'alloués*, dont les services commencent ordinairement le 24 juin et finissent le 11 novembre et quelques fois seulement le trente du même mois, ce qui forme la période de l'année de travaux agricoles appelée *été*, doivent-ils être rangés dans la classe des domestiques, dont il est ci-devant parlé, quant à l'indemnité qui pourrait être due, soit par eux, soit par les maîtres, selon que la rupture du marché proviendrait des uns ou des autres?

Non, ils ne sont point assujettis aux domestiques de ferme proprement dits.

10e.

Les enfants de l'un et l'autre sexe, âgés de moins de 14 ans, servant dans les fermes en qualité de pâtours, qu'ils soient loués pour l'année entière ou autrement, doivent-ils être assimilés aux domestiques de fermes proprement dits?

Non, ces enfants ne sont pas assujettis aux domestiques de ferme.

11.e

Les indemnités et dédommagements dont il est ci-dessus parlé, concernent-ils les domestiques des propriétaires, rentiers, des commerçants et des industriels, *non cultivateurs*?

Non.

12.e

Les domestiques de cette dernière catégorie, ne doivent-ils pas être intégralement payés de leurs gages courus, quelle que soit la cause de leur sortie, à moins de circonstances particulières graves?

Quelle que soit la cause de leur sortie, ces domestiques doivent être intégralement payés en proportion du temps écoulé.

13.e

Les garçons pochetiers des moulins ne doivent-ils pas prévenir d'avance de leur sortie et donner la liste des pratiques dont ils vont quérir le grain, à peine de dommages intérêts? Dans ce cas quel est le délai d'avertissement?

Les garçons pochetiers doivent prévenir au moins 15 jours à l'avance de leur sortie et remettre au maître meunier la liste des pratiques etc.

14.e

Le domestique qui a perdu des journées de travail, ne doit-il pas les rendre par un égal nombre de journées qu'il fait à la fin de l'année?

Si le domestique qui a perdu des journées de travail était obligé de les rendre à la fin de l'année par un égal nombre, il s'exposerait à manquer la nouvelle place qu'il doit prendre. Il serait peut-être plus juste de l'obliger à en faire déduction sur son année, suivant le prix qu'il gagne.

15.e

En cas de difficulté de part et d'autre, ces journées doivent-elles être payées proportionnellement, à la totalité du service annuel?

Oui, sauf le cas où le maître n'aurait pu dispenser de prendre un journalier pour le remplacer, auquel cas le domestique devrait payer la dépense qu'il aurait occasionnée.

Mais si le domestique a été remplacé par un journalier, doit-il tenir compte de toute la dépense qu'il a occasionnée?

16.e

Si le prix de la nourriture est exigé en sus du prix des journées, doit-il s'élever par jour à plus de 40 centimes pour un homme, et à 30 centimes pour une femme ou un garçon de moins de 15 ans, pourvu que l'état de leur santé n'ait pas exigé de soins ou d'aliments particuliers?

Dans ce dernier cas, comme dans celui où le domestique serait resté chez le maître, sans travailler, la nourriture devrait être payée, tant pour le journalier que pour le domestique sur le pied exprimé en la question.

17.e

Dans le compte de fin d'année, est-il fait remise au domestique d'une quantité quelconque (une semaine par exemple), des journées qu'il a perdues par suite de maladie ou d'affaires sérieuses?

Il sera fait remise au domestique, à la fin de l'année, d'une semaine qu'il aurait perdue pour cause de maladies ou d'affaires sérieuses.

18.e

Le paiement du temps perdu, est-il encore exigible, quand les gages ont été soldés, sans réserve?

Non.

19.e

Les gages ne sont-ils pas toujours payables à l'échéance du temps convenu et au domicile du maître?

Oui.

20.e

Le maître doit-il veiller à ce que le domestique acquitte les dettes légitimes qu'il a contractées pendant qu'il était à son service?

Si le maître a connaissance de dettes contratées par son domestique, il doit veiller à ce qu'elles soient acquittées, mais il ne peut en être responsable.

21.e

Quand le père, la mère ou le tuteur veulent toucher les gages du domestique mineur dont ils ne se sont pas occupés dans le courant de l'année, ne doivent-ils pas tenir compte au maître de ce qu'il a acheté pour habiller convenablement le mineur.

Oui, toutes les fois qu'il n'y a pas exagération.

22.e

Si, sans être dans le cas prévu à l'article 6, le maître vient à quitter son exploitation, le domestique a-t-il le choix de rester au service du nouveau fermier et si celui-ci n'en veut pas, a-t-il droit à l'indemnité?

Le domestique a le choix de rester au service du nouveau fermier, et si celui-ci n'en veut pas, il a droit à l'indemnité précédemment fixée.

Si le successeur est l'héritier de l'ancien fermier, la convention est-elle modifiée, et si le domestique ne veut pas continuer le service, y a-t-il lieu à indemnité de part et d'autre?

Dans ce cas la convention de louage n'est pas modifiée et si le domestique ne veut pas continuer le service, il n'y a lieu à indemnité de part ni d'autre.

TITRE II.

DU VOISINAGE.

23.e

Quels sont les ouvrages prescrits par l'usage auxquels ren-

Les questions posées par cet article, sont résolues par

voie le code civil? Que doit faire celui qui veut construire dans les cas suivants :

1° Lorsqu'il s'agit d'une étable, écurie, toît à porcs, d'une fosse ou forme à fumier etc.

2° S'il s'agit d'un magasin de sel ou d'un amas de matières corrosives?

3° S'il s'agit d'un four d'une forge, ou d'un fourneau?

4° S'il s'agit d'un puits et d'une fosse d'aisance?

5° S'il s'agit d'une cheminée?

M. le juge de paix de Montfort, conformément à la jurisprudence admise par le nouveau Desgodets et doivent servir de complément à l'article 674 du C. C.

24.e

Peut-on faire le rouissage des chanvres et lins, dans les eaux courantes ou stagnantes sans observer des distances entre les villages ou hameaux et les lieux de rouissage?

L'arrêté de la préfecture du 15 avril 1832 rappelé par celui du 10 octobre 1834, ayant fixé les distances, chacun est tenu de s'y soumettre.

Un arrêté récent, du 10 juillet 1849, oblige à l'érussage préalable de la graine et des feuilles.

25.e

Est-il permis de laisser séjourner, sans nécessité, aucun dépôt dans une cour commune, ne doit-elle pas au contraire être considérée comme une rue ou place publique?

Il est assez ordinaire que dans ces cours les communistes y déposent leur bois de chauffage; si ce dépôt ne gêne pas la circulation et n'empêche pas les autres propriétaires de jouir utilement de leurs droits, ces dépôts ne pourraient-ils pas être tolérés. Quant aux matières ou objets quelconques susceptibles de corrompre l'air par leur émanations, elles doivent être enlevées et le Maire sur la plainte d'un intéressé, ou d'office, doit demander l'application de l'arrêté préfectoral, du 10 octobre 1834, relatif à la salubrité.

26.e

Les usagers peuvent-ils exercer leur droit aux fours communs, avant le lever et après le coucher du soleil, si le titre ne s'explique pas à cet égard?

Pour l'exercice de ce droit combien doivent-ils prévenir de temps d'avance?

L'usager a-t-il le droit de remporter ses cendres, si le titre est muet à cet égard?

Dans le silence du titre les fours communs ne peuvent être disponibles que depuis le lever jusqu'au coucher du soleil.

On doit prévenir 24 heures d'avance.

27.e

Pour l'usage des puits communs chacun des usagers ou communistes doit-il fournir sa corde et sa chaine chaque fois qu'il veut exercer son droit, ou bien doit-il contribuer proportionnellement à l'établissement, à l'entretien ou reparation, et au renouvellement de ces objets?

Il paraîtrait plus convenable que chacun des usagers contribuât proportionnellement et en mêmec temps à l'entretien, réparation et renouvellement de ce qui sert à l'usage des puits.

28.e

Quelle est la largeur sensée de la haie mitoyenne plantée entre champs, prés, bois et sapinières, quelle que soit son épaisseur réelle?

2 m. 33 cent.

29.e

Les arbres dont l'écorce a seize centimètres au-dessus du sol, ne se trouvant pas éloignés du point central de la haie mitoyenne de plus de moitié de la largeur légale, sont-ils réputés aussi mitoyens?

Par conséquent tous les arbres dont l'écoree ne se trouve pas éloigné du point central de la haie de plus d'un mètre 17 centimètres sont mutuels.

Quels sont les moyens employés par les experts pour déterminer la mitoyenneté ou non mitoyenneté des arbres contestés qui se trouvent sur la ligne séparative de deux héritages et à quelle hauteur se mesurent ces arbres?

A 17 centimètres au-dessus du collet d'où partent les racines, sans avoir égard aux excroissances qui pourraient exister sur l'écorce du côté du voisin.

La vérification se fait, soit par la plantation des jallons, soit en tendant un cordeau entre les marmenteaux les plus rapprochés à droit et à gauche. L'arbre qui ne sera pas à 1 mètre 17 c. de cette ligne sera mitoyen. Lorsque la forme de la haie s'oppose à ce qu'il soit procédé ainsi, on se déterminera par l'état apparent des lieux.

30.e

A quel âge le bois taillable des haies mitoyennes doit-il être coupé lorsqu'il s'agit de celles mentionnées au N° 28?

A 9 ans.

31.e

Quelle est l'épaisseur ou la largeur de la haie mitoyenne entre vignes, cours et jardins, lors même qu'il y aurait d'un côté, champs, prés, bois ou sapinières?

32.e

A quelle hauteur se mesure l'arbre mitoyen pour juger s'il a ou n'a pas cette qualité?

Quels moyens emploie-t-on pour déterminer la mitoyenneté des arbres voisins des haies non mitoyennes?

Voir les notes sur l'art. 29.

33.e

La haie mitoyenne peut-elle être détruite sans le consentement de tous les propriétaires, soit pour la totalité, soit pour partie et notamment pour les arbres et souches qui s'y trouvent?

La haie mitoyenne ne peut-être détruite que du consentement des propriétaires. Les arbres à haute tige qui s'y trouvent, peut être abattus à la réquisition de l'un deux; mais les arbustes qui constituent la clôture ne peuvent l'être.

34.e

La haie mitoyenne peut-elle être détruite par la seule volonté de l'un des propriétaires et remplacée par une autre espèce de clôture; en d'autres termes celui des propriétaires qui voudrait conserver la haie mitoyenne peut-il être contraint à contribuer à l'érection de la clôture que l'autre propriétaire veut y substituer, comme palis, murs etc.?

L'un des voisins ne pourrait détruire la haie mitoyenne qu'en la remplaçant par un mur pris sur son terrain et fait à ses frais. Il ne pourrait contraindre l'autre à y participer.

35e

L'héritage en état de clôture permanente peut-il être déclos, malgré le voisin qui s'y oppose?

Le droit de clore et de déclore ses héritages, résulte de celui de la propriétés. L'Assemblée Nationale a abrogé toutes lois et coutumes contraires(loi du 28 septembre 1791), note de Paillet sur l'article 647 du C. C.

36.e

Peut-on laisser vaguer en liberté les bestiaux dans les terres closes, lorsque les haies vives closant les héritages en tout ou partie ne dépendent pas de ces héritages, en d'autres termes peut-on laisser brouter ces haies?

Le propriétaire qui met paître ses bestiaux dans un champ dont les haies de clôture ne lui appartiennent pas est responsable des dommages causés à ces haies. C'est à lui de faire garder ses bestiaux.

37.e

L'existence d'un talu ou d'une haie suffit-elle pour prouver la non mitoyenneté d'un ruisseau coulant plus de six mois l'année?

Non.

38.e

Celui qui fait ou répare un talus non dépendant d'un fossé doit-il laisser entre ce talus et l'héritage voisin, un intervalle pour avoir la facilité de relever les terres qui tombent par la suite?

Le propriétaire d'un fossé doit laisser 17 centimètres de relis entre ce fossé et l'héritage voisin. Ce relis disparait souvent, soit par la chute des terres soit, par les éboulements occasionnés par les bestiaux: l'inspection des lieux pourra faire connaître, si le propriétaire du fonds peut encore réclamer cet espèce de talus.

39.e

A quel âge doivent être taillés les arbres et haies plantés à moins de deux mètres du voisin:

1° Entre prés, champs, bois et sapinières? — 9 ans.

2° Entre vignes et jardins de ferme ou bordage? — 5 ans.

3° Et entre cours ou jardins de maisons bourgeoises? — 1 an.

40.e

Les souches existantes dans ces haies sont-elles considérées comme arbres à haute tige, lorsque leur tige a plus de trois mètres au-dessus du sol?

Oui.

41.e

Quand les sapins commencent-ils à être considérés comme arbres à haute tige?

Quand ils ont été éclaircis 3 fois, ou qu'ils ont une hauteur de 5 mètres.

42.e

Lorsque les branches d'arbres fruitiers s'étendent sur la propriété du voisin, est-il d'usage que les fruits de ces branches soient partagés entre le voisin et le propriétaire?

Oui.

43.e

Quelle est la largeur ordinaire des fossés au niveau du sol et au fond, leur profondeur, et la largeur de la lisière ou relis à laisser entre le fossé et l'héritage voisin?

1 mètre le plus souvent, sauf preuve du contraire, pour la largeur 1, 67 cent. au fond; 67 de profondeur, le relis doit être de 17 cent.

44.e

Lors du curage des fossés, peut-on éliser ou rafraîchir légèrement le côté du relis?

On doit toujours laisser au relis sa largeur usuelle.

45.e

Est-il permis à un voisin de clore le bout d'un fossé facilitant la communication de son terrain avec une autre propriété ou avec un chemin, pourvu que cette clôture soit faite en bois mort et ne nuise pas à l'écoulement des eaux?

Oui.

46.e

Est-il d'usage de borner quelquefois des propriétés et notamment des taillis par de vieilles souches ou marmenteaux; ou par des trous et excavations?
Mais le plus souvent n'emploie-t-on pas pour cet usage des pierres brutes sous lesquelles on place une tuile cassée en plusieurs morceaux avec du verre, du mâchefer ou scorier, de l'ardoise ou du charbon?

L'un et l'autre mode servent de bornes entre les propriétés non closes.

47.e

N'est-il pas d'usage dans les terres non closes et notamment dans les champagnes de laisser une enrayure ou relis entre deux héritages pour en déterminer les limites, et cette enrayure n'est-elle pas commune aux deux propriétaires?

Oui, il est toujours prudent de placer 3 bornes, aux deux extrémités et au milieu, pour éviter les anticipations.

48.e

La délimitation des portions de pré non closes, ou de taillis, ne se fait-elle pas aussi par des rigoles ou des trous d'une certaine profondeur?

Quelquefois.

49.e

Les propriétaires ou fermiers inférieurs sont-ils tenus de curer leurs ruisseaux biez ou bians ou autres cours d'eau, assez souvent pour que les héritages supérieurs ne soient jamais inondés par suite du défaut d'entretien?

Les circonstances particulières ne permettent point d'établir un usage à cet égard: aux tribunaux seuls appartient le droit de statuer sur ces sortes de servitudes.

50.e

En cas de contestation l'autorité administrative n'a-t-elle pas la faculté de prescrire des mesures de police, sur l'époque et le mode de curage et à défaut les particuliers ne peuvent-ils pas s'adresser au juge de paix?

C'est le cas de l'article précédent.

51.e

Quelle doit être la largeur ordinaire d'un passage sur propriétés non bâties pour voitures?
Les carrefours et les détours ne doivent-ils pas avoir assez de développement pour permettre le tirage de tout un attelage ordinaire?

3 m. 33 cent.

Les carrefours et détours doivent toujours avoir le développement nécessaire pour permettre le tirage d'un attelage ordinaire.

52.e

Quelle est la largeur ordinaire d'un passage pour bestiaux seulement?

2 mètres.

53.e

Quelle doit être la largeur ordinaire d'un passage avec civière et seaux, du tour d'échelle et du pied d'échafaud?

1 m. (Ancienne Coutume de Paris, acte de notoriété du châtelet du 23 août 1701), (nouveau Desgodets) tome 1er p. 247.

54.e

Pour l'exploitation des planches ou morceaux des jardins vallées et courtils communs, peut-on passer: en été par le fond ou sur le bord des rigoles de dessèchement, et, en hiver, par dessus les planches dont la récolte a été enlevée?

Sans contredit.

55.e

Dans les vignes divisées en planches, les rigoles ou raises creusées entre les planches ne servent-elles pas de sentiers?

Oui.

56.e

Lorsque les passages deviennent mauvais ou incommodes celui qui y a droit ne peut-il pas faire tout ce qu'il juge convenable pour en rendre l'usage plus commode?

Sans aucun doute.

57.e

Celui qui a un droit de passage sur un immeuble rural est-il tenu de souffrir les barrières ou autres clôtures mobiles établies par le propriétaire du fonds servant, c'est-à-dire, de les ouvrir et fermer chaque fois qu'il fait usage de son droit?

Quid, s'il s'agit d'un passage établi sur un immeuble non clos à l'époque de la création de la servitude, comme une cour ouverte, pour l'usage à une mare et à un puits, d'un droit de puisage ou d'abreuvage résultant de la division d'une exploitation?

Cela ne paraît pas douteux, surtout dans un pays essentiellement de clôture, comme dans le canton de BRULON.

TITRE III.

DES LOCATIONS VERBALES ET CONGÉS.

58.e

Les locations verbales des maisons n'ayant qu'un jardin et 50 ares de terres labourables ne sont-elles pas toujours censées faites pour un an?

Oui.

59.e

Les maisons rurales qui, outre le jardin n'ont pas un hectare 76 ares de terre labourable peuvent-elles être néanmoins rangées dans la classe des bordages ?

Oui.

60.e

Quels sont les délais accordés pour la signification d'un congé, lorsqu'il s'agit de maisons louées à l'année, sans terme fixe de sortie, selon l'importance des loyers, savoir:

Jusqu'à 50 fr.?	3 mois.
de 51 à 100 fr.?	6 mois.
et au-dessus de 100 fr.?	1 an.

Pour la sortie des maisons et chambres louées au mois, ne suffit-il pas de prévenir quinze jours avant la fin du mois?

Oui.

61.e

Y a-t-il nécessité de signifier congé pour les locations, sans écrit, des fermes et bordages un an avant l'expiration du bail verbal?

Oui.

62.e

Le congé écrit peut-il être utilement remplacé par un avertissement verbal donné en présence de témoins, lorsqu'il s'agit de locations annuelles au-dessous de 150 fr.

Oui.

63.e

Lorsque le bail n'est pas fait par écrit, le montant des contributions payées par le locataire à l'acquit du proprié-

Oui.

taire, sans diminution du loyer, ne doit-il pas être joint au loyer ainsi que les subsides, pour déterminer à quelle époque doit être donné le congé?

64.e

La remise des clés ne doit-elle pas être effectuée par les fermiers et locataires le jour de la sortie à midi? — Oui.—Oui.

Cette remise n'est-elle pas différée de 24 heures, quand le jour de la sortie tombe un dimanche ou un jour férié?

65.e

Dans les grands délogements, l'entrant pendant les huit premiers jours qui précèdent son entrée, et le sortant pendant les huit jours qui suivent sa sortie, n'ont-ils pas droit à un local convenable et autant que possible fermant à clé, pour y déposer leur mobilier? — Oui.

66.e

Le prix des locations de maisons faites sans écrit, sensées à l'année, ne peut-il être exigé qu'à la fin de l'année? — Oui.

Les loyers des maisons ou chambres louées pour une moindre durée, soit par mois, soit par semaine, ou même par jour, ne sont-ils pas exigibles à l'expiration du terme pour lequel les locations ont eu lieu? — Oui.

67.e

Le plus communément, les baux des maisons et chambres ne commencent-ils pas, soit le 1er mai, soit le 1er novembre? — Oui.

Les baux des fermes et bordages ne commencent-ils pas toujours à l'une ou à l'autre de ces époques? — Oui.

68.e

A défaut d'écrits, le prix de location des fermes et bordages est-il payable autrement qu'en argent et en *un seul* terme à l'expiration de l'année, et au domicile du propriétaire? — Non

69.e

Les fermiers et locataires sortant du 1er novembre n'ont-ils pas droit aux produits non récoltés des jardins, des vignes et des pépinières? — Les fermiers et locataires sortant au 1er novembre, ont droit au produit non récoltés des vignes seulement. Ils ne devraient avoir aucun droit dans les jardins et pépinières.

70.e

Les locataires de maisons, n'ont-ils pas le droit d'enlever à leur sortie des rosiers et autres arbustes d'agrément qu'ils ont eux-mêmes plantés dans les cours ou jardins?

TITRE IV.

DE LA CULTURE DES IMMEUBLES RURAUX.

71.e

Dans le canton de Brulon n'est ce pas l'assolement ou cotaisonnement quatriennal ou par quart qui est le plus commun? — Oui.

Cet assolement vulgairement appelé cotaison ne s'éxécute-t-il pas de la manière suivante:

1re année — froment, méteil ou seigle fumés?

2e — Orge ou avoine de printemps avec graine de trèfle, ou bien en retour d'hiver, selon la nature des terres, le tout non fumé?

3e Trèfle qui est pâturé ou fauché la première coupe, même la seconde lorsque la graine manque?

4e Vieux trèfles, vesces, céréales coupées en vert etc.

72.e

Quelle est la quantité de la quatrième sole qui peut-être emblavée en betteraves, citrouilles, chanvres et lins *fumés* ainsi que les haricots; et en pommes de terres, maïs, sarrasins, blés noirs, navets *non fumés?*

Il serait à désirer que dans cette quatrième sole, outre les betteraves, citrouilles etc, les fermiers fissent une certaine quantité de récoltes enfouies et de récoltes vertes qui loin d'épuiser la terre la fécondent. Ce serait augmenter les fumures, ce qui manque toujours, et diminuer, sans aucun préjudice, la quantité de jachère.

73.e

L'assolement triennal est-il encore pratiqué dans quelques parties du canton de Brulon et dans ce cas, de quelle manière les terres sont-elles cultivées?

L'assolement triennal est aujourd'hui remplacé à très peu d'exceptions près par l'assolement par quart.

74.e

Les bons cultivateurs ne varient-ils pas autant qu'ils le peuvent leurs ensemencés, sachant bien que la terre se lasse de produire toujours la même espèce de récolte?

75.e

La fumure des terres ne se fait-elle pas principalement avec les fumiers provenant des écuries, bourriers et bergeries, mis en forme ou tas, à raison de dix-huit à trente mille kilogrammes par hectare, c'est-à-dire 4 à 7 charretées de 21 civrées chaque, selon les ressources de l'exploitation?

Oui.

76.e

Ces engrais au lieu d'être enterrés immédiatement, ne peuvent-ils pas au contraire être déposés en tas sur les champs à l'ombre autant que possible, ou à défaut recouverts d'une couche de terre pour empêcher leur dessèchement, lorsque ces engrais sont destinés à être mêlés avec de la chaux ou des terreaux?

Oui, ce travail préparatoire est d'autant plus avantageux qu'il peut se faire dans des moments où le fermier est moins pressé qu'à l'époque des semailles.

77.e

Les fermiers qui emploient la chaux sans y être astreints par leurs baux peuvent-ils en mettre plus d'une certaine quantité, par exemple, cinquante ou soixante hectolitres par hectare?

Il n'y a aucun inconvénient à laisser au fermier l'appréciation de ce qu'il doit mettre de chaux. Il n'en abusera probablement qu'en moins.

78.e

En tout cas la chaux peut-elle être employée seule pour la fumure, après l'avoir mêlée avec de la terre du champ ou des terreaux, pour sa dissolution?

Oui, quand la quantité est assez considérable, au moins 50 hectolitres par hectare.

79.e

Les fermiers peuvent-ils employer le plâtre pour fumer les trèfles et sainfoins et en quelle quantité?

Il ne faudrait peut-être pas autoriser plus de 50 kilog. par hectare.

80.e

Les céréales et plantes fourragères enterrées au moment de leur floraison, comptent-elles pour un demi fumier?

Elles valent un demi fumier, suivant un agriculteur renommé, M. Bujault.

81.e

Le fermier qui ensemence en potages, en racines ou en herbe un champ destiné aux céréales, est-il tenu de rendre une quantité de paille égale à celle dont l'endroit a été privé sous la déduction toutefois des fourrages récoltés?

Non, car le champ ainsi employé a procuré plus de fumier que n'aurait pu le faire la paille.

82.e

Est-il dû un fumier entier pour chaque récolte de céréales induement faites, et les pailles, doivent-elles en outre, rester sur le lieu?

83.e

Quelle est l'indemnité due pour une récolte, indument faite, lorsqu'il y a eu fumure convenable?

84.e

Quelle est la quantité moyenne de semence qui doit être employée par hectare:

En froment?

En seigle?

En méteil?

En orge?

En avoine?

85.e

Les fermiers sont-ils tenus de sarcler au printemps les mauvaises herbes qui croissent dans les céréales, pommes de terre, maïs, etc?

Ils devraient le faire dans leur intérêt bien entendu.

86.e

A la récolte des blés, poussés assez longs ne doivent-ils pas être sciés par chaume, c'est-à-dire assez au-dessus de la terre pour qu'ils puissent être liés assez facilement en gerbes, afin de diminuer les frais de battage et que les chaumes puissent être fauchés?

87.e

Lorsque les blés ne sont pas poussés assez longs pour

permettre de faire du chaume, ne doivent-ils pas être coupés à 8 à 10 centimètres de terre?

88.e

Cependant n'est-il pas toujours loisible au fermier de couper les blés par pied, même en les fauchant?

Sans contredit.

89.e

Il y a-t-il une époque de rigueur pour le ramassage des chaumes?

90.e

Quand les chaumes ainsi que les pailles de toute espèce ne sont pas engrangés, ne doivent-ils pas être embargés soigneusement de manière que l'eau ne les gâte pas?

Oui.

91.e

A quelle époque doivent être fauchés les prés et notamment les prés communs, et à quelle époque peut commencer l'enlèvement des foins, lors même que les terrains destinés à servir de passage ne seraient pas encore fauchés ou débarassés?

92.e

A quelle époque les foins de prés communs doivent-ils être enlevés?

93.e

A quelle époque, suivant les localités plus ou moins exposées aux inondations, doit commencer l'introduction des bestiaux dans les prés communs?

A quelle époque doit-être opéré le retrait des bestiaux?

Quid, s'il s'agit de prés particuliers?

94.e

Quelles sont l'espèce et la quantité de bétail qui peuvent être mises dans les prés communs selon l'usage des animaux par hectare (3 hommées).

95.e

Les chevaux entiers, les taureaux et les béliers ne sont-ils pas prohibés dans les pâturages communs?

Oui.

96.e

Les fermiers des bois-taillis peuvent-ils y faire pacager leurs bestiaux, lorsque la coupe est parvenue à un certain âge?

Les chevaux seulement, lorsque la coupe a atteint sa 5e année.

97.e

Quels sont les bestiaux qui peuvent-être introduits dans les taillis?

Aucuns, autres que les chevaux.

98.e

A quelle époque le fermier sortant, doit-il avoir fait le voiage ou premier labour des guérets destinés à être emblavés en gros blés d'hiver?

99.e

Lorsque le terrain est sain et qu'il n'en doit pas résulter de gêne ultérieure, les fermiers peuvent-ils labourer à toutes profondeurs et dans toutes directions changer les sillons en planches?

100.e

Quelle est la quantité de menus grains d'été comme lins, chanvres, haricots, citrouilles, pommes de terre, sarrasins. blés noirs etc, qu'un fermier peut faire sur les guérets et notamment sur ceux de la dernière année?

101.e

Qu'elle est la quantité de foin que le fermier sortant de Toussaint a le droit de prendre par hectare pour faire ses semailles?

50 kilog. par chaque 44 ares soit 112 kilog. par hectare.

102.e

Quelle quantité de foin doit être laissée par hectare, par le fermier sortant du 1er Mai, à son successeur pour faire ses guérets?

103.e

Quelle quantité de pailles et chaumes le fermier sortant de Toussaint, peut-il faire consommer pour les litières de ses bestiaux?

104.e

Les fermiers sortant de Toussaint sont-ils tenus de ramasser les chaumes?

Peuvent-ils à leur volonté faire pacager dans tous leurs chaumes avant de les faire faucher?

Le fermier entrant est tenu au ramassage des chaumes; s'ils ne sont pas ramassés au 8 septembre, le fermier sortant peut y mettre paître ses bestiaux.

105.e

Le fermier sortant qui ne sème pas lui-même les graines fourragères dans ses ensemencés de printemps est-il obligé de

L'usage jusqu'ici, s'est opposé à cette faculté, le fermier sortant étant resté maître de faire les conditions à l'entrant, ouffrir que son successeur sème de la graine de trèfle en uantité ordinaire dans les orges et avoines de printemps e la dernière année et même de l'avant dernière année, i la sortie est du mois de mai?

ce qui est aussi contraire aux intérêts de ce dernier qu'à la bonne culture.

Il serait même à désirer que, conformément à l'usage admis dans l'arrondissement de Château-Gontier, le fermier entrant pût semer, avant le 30 mars du trèfle dans le quart des terres semées en froment.

Il est difficile d'admetttre la deuxième partie.

106.e

Dans ce cas, le fermier sortant a-t-il droit à une indemnité pour le cas où les trèfles auraient nui aux ensemencés?

Cela parait juste, et l'année 1849, a prouvé qu'il peut y avoir quelquefois perte considérable.

107.e

Les fermiers ne doivent-ils pas avoir fait les raises, les provins et la taille des vignes, avant le premier mai; Et le béchage et le repassage ou second labour, avant le 1er juillet?

Oui.

108.e

Les haies des champs, prés et bois qui ne sont pas sujettes aux lois du voisinage peuvent-elles être taillées plus d'une fois au cours d'un bail de huit à 9 ans et sur friches?

Non.

109.e

En faisant la taille des haies, les fermiers sont-ils tenus, lorsqu'il n'y a aucune stipulation à cet égard, de conserver tous les jeunes brins convenables pour faire baliveaux de manière qu'il se trouve au moins une souche ou baliveau par cinq mètres de haie?

Oui, à moins qu'il ne soit prouvé qu'il n'y avait aucun brin de pied.

110.e

La taille des haies, souches et taillis ne doit-elle pas être faite avant la pousse de la sève?

Oui.

111.e

Les haies des vignes ou jardins ne se taillent-elles pas comme celles de cette espèce qui se trouvent mitoyennes à quelque distance qu'elles soient des voisins?

Oui.

112.e

Les fossés et talus ne doivent-ils pas être soigneusement réparés toutes les fois qu'ils en ont besoin et notamment lors de la coupe du bois?

Oui, mais principalement lors de la coupe du bois.

113.e

Les talus des haies lors de la taille des bords ne doivent-ils pas être recouverts d'épines et ronces fixées avec des crochets ou des morceaux de gazon, afin de protéger les jeunes pousses contre le broutage des bestiaux et empêcher la rechute des terres?

Oui.

114.e

Est-il défendu aux fermiers d'émonder et éplucher les arbres fruitiers et ceux à haute-tige, et de changer l'état des haies, soit pour en arracher le bois, soit pour en prendre la terre pour la mélanger avec de la chaux, lors même qu'ils en replanteraient de nouvelles?

Oui.

115.e

Le fermier peut-il, sans détruire les souches et arbrisseaux ou arbustes, peler les talus des haies pour mélanger cette pelure avec de la chaux?
Ne peut-il pas, en tout cas, faire ce qu'on appelle vulgairement le dégraissage des haies?

Oui, mais avec précaution et en ménageant et ne découvrant pas les racines du plan de la haie.

116.e

Les fermiers ne sont-ils pas tenus de l'entretien des prés, en bon état de faux courante, sans buttes, taupinières ni fourmilières, épines et ronces?

Oui et c'est toujours une condition des baux écrits.

117.e

Ne doivent-ils pas aussi curer les rigoles, sangsues et filières des prés aussi souvent qu'il est nécessaire pour éviter le débordement des eaux de crues, et la curure ne doit-elle pas être mise en monceaux pour être répandue l'année suivante dans les endroits les plus convenables?

Oui.

118.e

Les fermiers peuvent-ils faire couper les regains seulement l'année qu'ils ont fumé leurs prés?
Les autres années ne doivent-ils pas au contraire les faire pâturer?

Les fermiers doivent éviter de couper les regains, sans la permission des propriétaires.

119.e

Les bois taillis ne doivent-ils pas être coupés à l'âge de neuf ans?

Les taillis doivent être coupés à leur âge ordinaire.

120.e

La coupe des taillis ne doit-elle pas être assez nette et assez inclinée pour que les eaux pluviales ne pénètrent pas dans le cœur des souches?

Oui.

121.e

L'enlèvement des fagots et des bourrées ne doit-il pas être terminé avant le 1er avril, à moins qu'ils n'aient été déposés dans les charrières, auquel cas l'enlèvement pourrait être prolongé jusqu'au 24 juin?

L'enlèvement peut être prolongé jusqu'au 24 juin.

122.e

Les fermiers peuvent-ils faire de l'écorce dans les taillis?

Non, si la faculté n'en est pas accordée par le bail.

123.e

En tout temps l'entrée des bois taillis ne doit-elle pas être sévèrement interdite, quelqu'en soit l'âge, aux chèvres et moutons, etc.

Oui.

124.e

Les bruyères et les genêts des clairières des bois ne peuvent-ils être coupés qu'avec les haies et les taillis?

Non.

125.e

Le premier éclaircissage des sapins se fait-il avant l'âge de 5 à 8 ans, en les espaçant de moins de 30 à 40 centimètres?

Oui.

126.e	
Les autres éclaircissages ont-ils lieu tous les deux ou trois ans?	Oui.
127.e	
En émondant les sapins, ne doit-on pas toujours laisser quatre couronnes et le bouquet, c'est-à-dire les cinq dernières pousses aux arbres qui n'ont pas atteint l'âge de 20 ans?	Oui.
128.e	
Aux arbres plus âgés, ne conserve-t-on pas toujours au moins cinq couronnes et le bouquet?	Oui.
129.e	
Quand les bestiaux peuvent-ils être indroduits dans les sapinières éclaircies?	Après le troisième éclaircissage.
130.e	
Les sapinettes sont-elles considérées comme combustibles et les bruyères comme litières?	Oui.
131.e	
Les fermiers peuvent-ils écanbuer les landes et vieux friches, sans le consentement exprès des propriétaires?	Non.
132.e	
Ce consentement est-il exigé pour le plâtrage qui demande une forte fumure, ainsi que l'écanbuage?	Oui.
133.e	
Est-il permis aux fermiers d'employer la chaux vive dans les champs ou les prés, à moins qu'elle ne soit mélangée, avec du terreau ou de bonne terre végétale et dans quelle proportion?	Voir les notes sur les art. 76 et 77.
134.e	
Les fermiers qui marnent volontairement peuvent-ils en mettre au-delà d'une certaine quantité, par exemple, 30, 40, 50 mètres cubes par hectare?	Il n'y a pas à craindre que le fermier mette plus de marne qu'il ne faut.
135.e	
Le fermier doit-il souffrir que le propriétaire plante sur ses immeubles tous et tels arbres que bon lui semble, pourvu que ces plantations ne lui causent pas un préjudice grave? Les peupliers, ainsi plantés, doivent-ils être émondés par le fermier et à son profit comme dédommagement du tort qu'ils peuvent lui causer? Le propriétaire peut-il se refuser à cet élagage?	Oui.
136.e	
Le fermier doit-il bêcher, épiner et nettoyer les arbres fruitiers dont il a été chargé par l'état des lieux et par son bail, ainsi que les arbres servant à remplacer ceux qui ont péri?	Oui.
137.e	
N'est-il obligé d'entretenir les autres arbres fruitiers qu'au-	Il doit leur donner les mêmes soins qu'aux autres.

3.

tant qu'ils commencent à rapporter assez pour indemniser de leur culture?

138.e

A moins de sécheresse extraordinaire, le fermier est-il tenu de rendre en bon état au moins les deux tiers des sauvageons dont il est chargé, en justifiant toutefois des plantations auxquelles il est assujetti?	Oui.
Doit-il répondre des autres arbres à noyau et des sauvageons, lorsqu'il n'a pas malversé?	Non.

139.e

Le fermier peut-il planter et greffer sans l'assentiment du propriétaire?	Il n'est guère possible au fermier de faire connaître tous les ans les arbres qu'il se propose de greffer. En bon cultivateur, il doit greffer tous ceux qui en sont susceptibles, et il n'est pas supposable qu'il soit repris pour des plantations extraordinaires.

140.e

Les fermiers peuvent-ils commencer avant le 15 août, l'érussage des souches d'ormeau et autres taillées depuis deux ans?

Ne doivent-ils pas laisser la pointe de chaque branche garnie de ses feuilles?

141.e

Les fermiers sont-ils tenus de l'échenillage, du hannetonnage et de l'élagage, lorsque ces opérations sont prescrites par l'autorité administrative?

142.e

Les propriétaires ou leurs agents doivent-ils être prévenus, lorsque cela est possible, du jour de l'élagage, et dans tous les cas de la quantité et de l'âge du bois abattu?	Oui, lorsque l'élagage peut comprendre d'autres bois que le taillable.

143.e

Les fermiers peuvent-ils élever et nourrir boucs et chèvres sur les fermes et closeries, sans le consentement formel des propriétaires?	Oui, quand cette faculté n'est pas interdite par une condition expresse, sauf à répondre des dommages causés par ces animaux.

144.e

Les états de lieux faits par les propriétaires ou de leur consentement, au commencement des baux de leurs fermiers peuvent-ils être renouvelés dans le courant des baux, c'est-à-dire, peut-il être fait aux fermiers de nouvelles montrées à leurs frais, à moins de malversations de quelque importance?	Les états de lieux faits par les propriétaires dans le courant des baux n'ayant pour objet, le plus ordinairement, que de suppléer à leur insuffisance ou à leur impossibilité de reconnaître l'état de culture, doivent être à leur frais. S'il existe des malversations notables, le propriétaire peut en demander indemnité, à dire d'expert, et les frais sont à la charge du fermier.

145.e

Tout fermier ou locataire est-il tenu de faire ramonner, au moins une fois par an, les cheminées où il fait habituel-	Oui, dans tout état de choses.

lement du feu, lorsqu'il se trouve à moins de 400 mètres d'autres habitations.

146.e

Le propriétaire d'une ferme ou bordage est-il tenu de fournir à son fermier un pressoir pour faire ses cidres et vins?

Le fermier est-il obligé de se fournir de cables?

147.e

Quand le fermier à son entrée trouve des loges couvertes en paille, est-il obligé de les entretenir de la couverture?

148.e

L'entretien des barrières et échalliers est-il à la charge des fermiers comme celui des autres clôtures?

149.e

Les closeaux des fermes et bordages ne doivent-ils pas, comme les jardins, être considérés comme hors de l'assolement?

150.e

Lorsque le propriétaire donne à son fermier du bois de charronnage, ce bois ne doit-il pas toujours être employé sur le lieu en instrument de culture, et s'il en reste à la sortie du fermier, le propriétaire n'a-t-il pas le droit de reprendre ce qui n'a pas été employé en remboursant les frais de débitage?

TITRE V.

DE LA SORTIE DES BIENS RURAUX.

151.e

Si le fermier sortant a semé des graines fouragères dans ses grains de printemps, doit-il lui être tenu compte de ses dépenses d'achats et de main d'œuvre?

Voir la note sur l'art. 105.

152.e

Si au contraire le fermier sortant n'en a pas semé, son

Voir la note sur l'art. 105.

successeur a-t-il le droit de réparer cette omission, avec ou sans indemnité?

153.e

Le fermier sortant peut-il mettre pacager ses bestiaux dans les trèfles et sainfoins du dernier printemps.

154.e

Le fermier entrant n'a-t-il pas le droit de présider au partage à faire, entre lui et le sortant, des foins et des pailles et d'indiquer les endroits où il désire qu'ils soient mis pour éviter les contestations entr'eux?

Oui.

155.e

Combien le fermier sortant doit-il laisser de choux pour-celiers par hectare de blé d'hiver?

225.

156.e

Le fermier sortant qui a fait ses vins et cidres au pressoir du lieu, peut-il emporter le marc du raisin et des pommes?

Le plus souvent dans le canton de Brulon, les cidres ne sont faits qu'après le 1er novembre et dans ce cas, le fermier sortant emporte ses fruits et ne rapporte pas le marc.

157.e

Les semailles d'automne ne doivent-elles pas toujours être terminées avant le premier novembre, à moins de circonstances extraordinaires?
Et celles de printemps au 1er mai?

Oui.

158.e

Le sortant du premier mai, doit-il souffrir après sa sortie que son successeur arrache à la main, toutes les mauvaises herbes qui croissent dans les gros blés?

Oui.

159.e

Lors de la récolte et du battage, le sortant et l'entrant sont-ils obligés de s'entendre sans que celui-ci loge et nourrisse dans les bâtiments de l'endroit, les journaliers, bœufs et chevaux dont il a besoin?

160.e

Le fermier sortant de Toussaint ou celui sorti du 1er mai, a-t-il le droit de battre au rouleau sa dernière récolte, ou avec une mécanique?
Dans ce cas le fermier sorti a-t-il le droit d'exiger une écurie pour y ramener ses chevaux, si les bâtiments de la ferme le permettent sans trop gêner le fermier?

161.e

Les sortants qui ne récoltent que les gros blés, peuvent-

Les récoltes dans le canton de Brulon, se battent toutes

ils les déposer dans la grange, si le temps est mauvais, quoique l'usage dans le canton de Brulon, soit de tout battre dehors, à condition quelle soit débarrassée assez promptement pour que l'entrant puisse, à son tour, y déposer ses orges.

en dehors. La grange est toujours à la disposition du fermier nouveau.

162.e

Le partage des grains se fait-il toujours par moitié entre l'entrant et le sortant, après que ce dernier a prélevé ses semences ?

Toujours.

163.e

Quelle quantité de semences est accordée par hectare :
De gros blés : Froment ?
Méteil ?
Seigle ?
De grains de printemps : Orge ?
Avoine ?

164.e

Le fermier sortant est-il obligé de se conformer aux instructions de l'entrant pour l'engrangement et l'embargement des pailles ?

165.e

Lorsque le bois taillable n'est pas en coupe réglée, si le fermier sort avant la fin de son bail, lui est-il tenu compte des sèves auxquelles il aurait droit pour les années écoulées, s'il n'a pas durant ce temps pris chaque année le huitième au moins du bois taillable de l'endroit, après toutefois avoir déduit les frais de main d'œuvre et de charrois, ainsi que les intérêts de la somme versée depuis le jour du paiement jusqu'au jour de la coupe?

Le bois taillable sur les fermes est toujours en coupe réglée et chaque année le fermier en prend une.

La question ne pourrait donc s'appliquer qu'au cas où il dépendrait de la ferme un bois taillis qui aurait pu être coupé avant la sortie du fermier. Il faut alors consulter la résiliation du bail. Si elle a lieu du consentement du fermier, il est censé avoir renoncé à cet avantage ou en avoir trouvé une compensation. Si la résiliation est forcée, il doit être tenu compte au fermier évincé, d'une indemnité pour les sèves qu'il laisse, mais sans intérêt.

166.e

La visite, à la sortie du fermier, ne doit-elle pas être faite immédiatement et dans tous les cas avant l'expiration de l'année à compter de la sortie; sous peine de déchéance?

Oui.

167.e

Ne peut-il pas être fait une seconde visite, après le 24 juin, pour constater l'état des ensemencés mais après que ces ensemencés ont été coupés toute réclamation à cet égard n'est-elle pas éteinte ?

Oui.

168.e

Ces visites n'ont-elles pas toujours lieu en présence du propriétaire qui a seul qualité pour exercer des poursuites contre le fermier sortant et pour transiger au sujet des malversations commises?

Les visites doivent avoir lieu en présence du propriétaire, cependant il est censé représenté par le fermier entrant, lorsqu'il a été prévenu à temps du jour de la visite.

169.e

Les frais de ces visites ne sont-ils pas payés moitié par le sortant et l'autre moitié par l'entrant.

Oui.

170.e

Outre les réparations dont sont tenus les fermiers et lo-

Oui.

cataires d'après l'art. 1754 du code civil, ne sont-ils pas encore tenus des réparations locatives établies par l'usage principalement de celles à faire :

1° Au pavage supérieur et intérieur des fourneaux de cuisine, ainsi qu'à leur réchauds ou grilles en fonte, brulés ou cassés;

2° A la chapelle et à l'aire des fours?

3° Aux rateliers et mangeoires des écuries, étables et bergeries?

4° Aux auges en pierre, aux bornes et aux barrières et clôtures;

5° Aux rouets, pouliers et main de fer des puits dont la corde doit être fournie par le locataire?

6° Au piston, à la tringle et au balancier des pompes?

7° Aux allées sablées, parterres, platte-bandes bordures et gazons des jardins?

8° Au vases, caisses et bancs de ces jardins.

9° Aux pales, vannes, tournans, virans et travaillans, ustensiles et objets mobiliers des moulins?

10° Enfin, au récrépiment des murailles entières dans les bâtiments ruraux où des fagots, bourrées, morceaux de bois, de fer ou de pierre et autres corps durs, sont jetés contre les parois des murs, sans précaution.

171.e

Les locataires et fermiers sont-ils encore tenus de ces réparations, lorsqu'elles ne sont occasionnées que par vétusté ou force majeure? — Non.

172.e

Les locataires et fermiers ne peuvent-ils pas être tenus des grosses réparations, lorsqu'elles sont causées par les malversations par eux commises ou le défaut de réparation locatives ou autres mises à leur charge par le bail, faites en temps utile? — Oui, lorsque les malversations sont bien prouvées.

TITRE VI

DES TERRES DÉTACHÉES OU VOLAGES.

173.e

Le fermier ou bordager peut-il prendre à ferme pour les faire valoir avec celles du lieu qu'il exploite, des terres labourables comme pièces détachées, volantes ou volages, sans le consentement du propriétaire du lieu? — Non.

174.e

Les pailles et fourrages de la pièce de terre détachée, appartiennent-elles à la ferme ou au bordage qui a fourni les engrais pour emblaver le gros blé d'hiver? — Non.

175.e

Toute pièce de terre détachée est-elle présumée avoir été prise, sans paille ni engrais à moins de preuve contraire? — Oui.

176.e

Les pièces de terre détachées ne sont elles pas dispensées de l'assolement régulier mais sans qu'il puisse cependant être fait sur le même engrais plus de deux récoltes épuisantes venues à maturité? — Oui.

177.e

Quelle est la quantité d'engrais que le fermier de terres volages doit mettre par hectare, ou bien en chaux mélangée avec terreaux ou terre végétale?

178.e

Lorsque le fermier de terres volages a trouvé en entrant de la paille ou de l'engrais, ou lorsqu'il doit laisser les empaillements, ne doit-il pas à sa sortie battre ses gerbes dans le champs et y mettre les pailles en barge.

Oui.

179.e

A quel âge se taillent les haies en souches des pièces de terres détachées?

Suivant l'essence : à 9 ans pour le chêne, l'ormeau et autres bois durs; et à 6 ans pour les autres espèces.

180.e

Une pièce de terre volage n'ayant aucun assolement régulier est-elle censée louée pour plus d'un an?

Non.

181.e

Si le fermier est expulsé à la fin de l'année où il a fumé a-t-il le droit de se faire payer d'une partie de ses engrais ou de prolonger sa jouissance, de manière à obtenir le retour de son fermier?

Non; c'était à lui de s'assurer d'une plus longue jouissance, ce qu'il ne fait pas le plus souvent pour éviter les frais d'un bail?

182.e

A quelle époque est censée commencer la jouissance des terres volages?

Au 1er novembre, quand il n'y a pas condition ou preuve contraire.

183.e

Il y a-t-il nécessité de donner congé pour les terres détachées et combien de temps d'avance?

Si l'on admet la négative, il faut reconnaitre que le fermier de terres détachées et sans bail ne peut les travailler qu'après le 1er novembre, le propriétaire pouvant jusques-là lui laisser ignorer son intention?

184.e

Les terres volages peuvent-elles être fiancées sur les guérets, c'est-à-dire emblavées en menus grains de printemps comme pommes de terre, sans fumier?

Non, si la dernière récolte a été faite sans fermier.

185.e

Le fermier de terres volages en prés qui n'a pas coupé le bois taillable durant sa jouissance a-t-il droit de se faire payer les sèves des années pendant lesquelles il a joui?

Non.

186.e

Lorsque le bois taillable des terres volages ou prés avait une ou plusieurs sèves au commencement de la jouissance du fermier, celui-ci, s'il vient à couper ce bois à l'âge voulu, est-il tenu de payer les sèves antérieures à sa jouissance?

Non.

Le Mans. — Imp. J. Tousch, V. Labbé, L. Beaudoire et Cie

www.ingramcontent.com/pod-product-compliance
Ingram Content Group UK Ltd.
Pitfield, Milton Keynes, MK11 3LW, UK
UKHW020540230726
13925UKWH00006B/2400